AF145234

Der Dialog zwischen bewusst und unbewusst

in der Unendlichen Geschichte

Eine Interpretation und Hommage an

Michael Endes phantastische Erzählung

Jürgen Richter

Der Dialog zwischen bewusst und unbewusst

in der Unendlichen Geschichte

Eine Interpretation und Hommage an

Michael Endes phantastische Erzählung

Bibliografische Information der Deutschen Nationalbibliothek:
Die Deutsche Nationalbibliothek verzeichnet diese Publikation in der Deut-
schen Nationalbibliografie; detaillierte bibliografische Daten sind im Internet
über http://dnb.dnb.de abrufbar.

© 2013 Jürgen Richter

Herstellung und Verlag: BoD – Books on Demand, Norderstedt

ISBN: 978-3-7357-2171-6

Inhalt

1. Worum geht es in der Unendlichen Geschichte?

Michael Ende hat uns mit der Unendlichen Geschichte vor Jahren einen Schatz geschenkt, dessen tiefere Bedeutung oft unterschätzt wird. Ältere Kinder, Jugendliche und Erwachsene haben diese Geschichte gelesen, lesen sie noch heute, und das nicht nur in Deutschland.

Viele können wohl den Bedeutungswert dieses Buches ahnen, aber so richtig erklärlich scheint er eher nicht. Ich selbst wurde damit als Kinder- und Jugendlichen-Psychotherapeut zum ersten Mal von einem zwölfjährigen Patienten, der das Buch in eine Therapiestunde mitbrachte, konfrontiert.

Es spielte im weiteren Behandlungsverlauf eine erhebliche Rolle, was mich dann dazu veranlasste, mich näher damit zu beschäftigen. Der Hauptgrund aber, dieses auch aufzuschreiben, hat damit zu tun, dass ich immer wieder – überwiegend von Eltern –

vor die Frage gestellt war: was passiert in einer Psychotherapie und was hat unser Unbewusstes damit zu tun?

Die meisten Menschen können sich das Unbewusste nicht vorstellen, obwohl es in unserem Leben eine so große Rolle spielt und in einer psychotherapeutischen Behandlung eine ganz besondere Stellung einnimmt.

Wir alle sind verunsichert oder sogar verängstigt, wenn sich die Frage nach einer psychotherapeutischen Behandlung stellt. Diese Ausführungen sollen Eltern dabei helfen Angst abzubauen, weil etwas sichtbar wird, was sonst normaler Weise unsichtbar bleibt.

Es geht scheinbar um zwei Jungen und zwei Geschichten. Michael Ende erzählt so packend, dass die Leser bis zum Schluss mit den zwei Jungen in den zwei Bereichen mitfiebern. Die Erzählstränge sind bewusst so verwoben, dass man vergisst, dass es sich in Wahrheit nur um einen Jungen handelt. Dies geschieht deshalb, weil damit die Emotionen und das Unbewusste eines jeden Lesers so angesprochen werden, dass die reale Ebene – die intellektuelle Stufe – nicht im Vordergrund steht, sondern durch Michael Endes Technik die unbewusste Dimension im Leser intensiv angesprochen wird und am Geschehen teilnimmt.

Vereinfacht könnte man sagen: hier ist etwas aufgeteilt auf die zwei Jungen, was in Wahrheit eins ist und zusammen gehört. Diese Tatsache hilft, den Blick dafür zu schärfen, um sehen zu können, wie und unter welchen Voraussetzungen Bewusstsein und Unbewusstes miteinander verbunden sind, miteinander Kontakt haben, oder Kontakt suchen und oft – auf Umwegen – Kontakt finden. Das Buch „Die Unendliche Geschichte" soll und kann kein Ersatz für psychotherapeutische Maßnahmen sein. Es nimmt jedoch stark Einfluss auf den Lesenden. Ähnlich wie wir unser Unbewusstes durch Musik, Mythen, Sagen und Märchen bewegen lassen und damit Kontakt zwischen diesen beiden Bereichen stärken und vertiefen.

2. Was ist Phantasien?

Phantasien ist ein riesiges, grenzenloses Reich, welches Michael Ende so zu beschreiben versteht, dass die Lust, es genauer kennen zu lernen, immer größer wird.

Phantasiens Einwohner sind faszinierende Geschöpfe, die bedroht sind. Es baut sich eine Spannung auf, die stetig zunimmt, als sich verdeutlicht, was diese Bedrohung beinhaltet.

Regiert wird dieses Reich von einem Wesen, genannt die Kindliche Kaiserin, die auch den Mittelpunkt dieses Reiches darstellt. Alle Wesen Phantasiens existieren nur „durch ihr Dasein". Sie ist schwer erkrankt und diese geheimnisvolle Erkrankung steht in direktem Zusammenhang mit der Bedrohung durch das sogenannte Nichts, das alles – wirklich alles – in diesem Reiche auflöst.

Phantasien ist andererseits, aus der Sicht von Bastian Balthasar Bux (der Hauptfigur aus der Unendlichen Geschichte) ein etwas Angst einflößendes Gebilde, dem man sich durch Lesen der Unendlichen Geschichte immer etwas mehr annähert und , je weiter man liest, immer ein wenig stärker in die Geschichte hinein gezogen wird. Dieses grenzenlose Reich ist das Pseudonym für das Unbewusste im Menschen. Es nimmt Einfluss auf den lesenden Jungen Bastian sowie auf jeden Leser der Unendlichen Geschichte. Der Leser wird Zeuge, in welcher Beziehung der lesende Junge Bastian zu diesem Land und damit zu seinem eigenen Unbewussten steht!

Diese Beziehung verändert und vertieft sich, wirkt spiegelbildlich auf den Leser. Ähnliche Gefühle, die Bastian berühren, bewegen auch den Lesenden.

3. Die große Suche

Um gesund zu werden muss man suchen, was krank macht!

Der kleine Junge Bastian, selbst seelisch nicht gesund, wird fasziniert von der Krankheit der Kindlichen Kaiserin und von der Bedrohung Phantasiens durch das Nichts. Um sich dem Bedrohlichen, das von Phantasien ausgeht, stellen zu können, sich weiter mit der Geschichte zu befassen, sich dem eigenen Unterbewusstsein weiter zu nähern, sich also mit der Erkrankung zu beschäftigen, bietet die Kindliche Kaiserin zwei entscheidende Hilfsmittel an. Zum einen ist da der kleine Indianerjunge, genannt Artreju. Er ist Protagonist in der Geschichte der Unendlichen Geschichte – also in Phantasien.

Dieser Junge Artreju soll auf Anweisung der Kindlichen Kaiserin auf die Suche gehen, um heraus zu finden, was die Ursache für ihre Erkrankung ist. Weil es sich dabei aber offensichtlich um einen sehr gefährlichen Auftrag handelt, verleiht sie dem Jungen Artreju zum anderen ein Medaillon, genannt Aurin, Das Pantakel oder Der Glanz.

Man könnte auch sagen: aus der unbewussten Seite des Buches, aus Phantasien, entwickeln sich Hilfskonstruktionen. Für den Leser Bastian in seiner Realsituation bieten sie sich als Brücke an, die er irgendwann bereit ist zu betreten. Dies zeigt sich allerdings erst viel später.

Der Indianerjunge bietet sich als Identifikationsfigur deshalb so eindrucksvoll an, weil er so ist, wie Bastian auf der realen Ebene gerne wäre. Artreju sieht gut aus, er ist sehr tapfer (fast wie ein Indianerkrieger), er scheint Angst nicht zu kennen und er ist in seinem sozialen Verbund sehr anerkannt. So möchte Bastian selbst gern sein, und deshalb fühlt er mit diesem Jungen auf der anderen Ebene, in Phantasien, so intensiv mit.

Der andere Aspekt, wie oben erwähnt, ist die Verleihung des Medaillons, den Glanz, an Artreju. Dies zeigt, dass er auch zusätzlicher Hilfen bedarf, um allen Gefahren gegenüber gewappnet zu sein, die in diesem Auftrag zu befürchten sind. Das Medaillon bietet einen Schutz und stellt eine Hilfe dar, die nicht näher beschrieben ist, sich aber immer wieder aufs Neue einstellt. Welcher Art diese Hilfe ist, enthüllt sich im Laufe der Geschichte.
Anfangs erscheint es ganz einfach, auf die zwei Ebenen in der Unendlichen Geschichte zu blicken. Markiert durch die grüne und die rot farbige Schrift. Rot für die reale Bewusstseinssituation und grün für die unbewusste Ebene von Bastian. Das Rot für die bewusste Ebene muss nicht näher erläutert werden. Es steht für Bastian selbst. Für seine realen Prägungen, hervorgerufen durch die traurigen Lebensumstände, wie z.B. den Tod der Mutter und den überforderten Vater.

So wird aus dem Jungen ein vereinsamtes, allein gelassenes Menschenkind, das sich in dieser (realen) Welt nicht mehr zu Recht findet.

Da der Junge nicht mehr weiß, wie es weitergehen soll, tut er etwas für ihn beispielloses und unerklärliches, um der trostlosen Alltagsrealität zu entfliehen: er stiehlt das Buch „Die unendliche Geschichte" aus einem Buchladen und beginnt darin zu lesen. Dabei nimmt er nun ungewollt Kontakt auf zu seinem Unterbewussten – zu dem Teil in sich, der sich seit seiner Geburt langsam und stetig entwickelt hat, und zwar parallel zu seiner bewussten Ich-Entwicklung mit all seiner Gefühlspalette. Die Verbindung zwischen Bastians tiefen Gefühlen und seiner realen, trostlosen Lebensrealität ist stark gestört und blockiert. Er muss einen Weg finden, wieder mehr Kontakt zu diesen, in der Versenkung verschwundenen Gefühlen zu bekommen.

Je größer der reale Druck durch Unglück, Leid und Schicksalsschläge entsteht, umso eher wird das Bedürfnis im Menschen geweckt, wieder mehr Verbindung zu diesen unbewussten Gefühlen zu finden.

Das Unbewusste lässt sich, aus meiner Erfahrung, kaum besser beschreiben als es Michael Ende mit seinem Land Phantasien getan hat. Auch der Weg dahin, dieses Unbewusste kennen zu lernen, ist so kompliziert wie die Suche, auf die sich Artreju, der Indianerjunge begibt und damit auch Bastian, der sich so sehr zu Artreju hingezogen fühlt. So entsteht ganz langsam, aber immer intensiver, eine Bahn zwischen bewusst und unbewusst.

Artreju geht also auf die große Suche nach der bedrohlichen Krankheit der Kindlichen Kaiserin und nach dem Ursprung der Bedrohung Phantasiens. Artreju lässt Bastian an allem, was er erfährt, erlebt, erleidet teilhaben. Alles was nun geschieht, dient dazu, Bastians Interesse an Artreju und damit an Phantasien zu wecken und zu steigern. Das heißt, Bastians Neugier an Artreju muss sich so entwickeln, dass er sich diesen Gefühlen nicht mehr entziehen kann. Als Artreju von der Uralten Morla erfährt, dass sich das Leben der Kindlichen Kaiserin nicht nach Zeit bemisst, sondern nach Namen – sie braucht also einen neuen Namen, um gesund zu werden – muss Artreju herausfinden, wer ihr diesen neuen Namen geben kann. Auf dieser Reise und der großen Suche nimmt Bastian nun mit allen seinen Gefühlen immer mehr Anteil. Er hat Angst um Artreju oder er ist glücklich, wenn eine Gefahr überstanden ist. Eine der Hauptfiguren manifestiert sich im sog. Schattenwesen, genannt Gmork. Artreju weiß nicht, dass er von dieser Gefahr „Gmork" bedroht ist. Umso beängstigender wirkt es auf Bastian, der hier mehr weiß, als der Protagonist auf der anderen Ebene. Bastian ist seinerseits froh, nicht in dieser gefährlichen Situation zu stecken, andererseits würde er Artreju natürlich gerne helfen, ihn mindestens vor dieser Gefahr warnen.

4. Was passiert in Phantasien

Phantasien droht unterzugehen, wenn die Kindliche Kaiserin nicht gesundet. Auf seiner Suche erfährt Artreju, und damit auch Bastian auf der Realitätsebene, dass das nur dann zu verhindern wäre, wenn ein Menschenkind nach Phantasien kommen würde und der Kindlichen Kaiserin einen neuen Namen gäbe. In einer sehr poetischen Beschreibung[1] erfährt also Artreju, dass Phantasien nur existieren kann, wenn sich Menschen aus der Realitätsebene mit der unbewussten Seite des Lebens – hier Phantasien – beschäftigen und Verbindung zu ihr halten. Hier, auf den Leser „Bastian" bezogen: er wird von dieser Feststellung zwar berührt, aber durchaus noch nicht persönlich so angesprochen, dass er dieses Menschenkind sein könnte; dass es seine Aufgabe sein wird, der Kindlichen Kaiserin einen neuen Namen zu geben. Anders ausgedrückt, die unbewusste Seite macht sich bemerkbar, die bewusste Seite nimmt es auch wahr, aber ohne den Sinn zu verstehen. Diese unbewussten Splitter, die unser Bewusstsein erreichen ohne verstanden zu werden, sind z.B. einfühlsam dargestellt in der Beschreibung einer extremen Gefahrensituation, in der sich Artreju befindet.

Bastian, der dies liest, stößt einen Schreckensschrei aus, der wiederum in die andere Ebene hineinwirkt – also gehört wird.

Bastian, der dies liest, verleugnet diese Wahrnehmung. Das

---

[1]
Ende, Die unendliche Geschichte, Kapitel VII, Die Stimme der Stille.

kann ja gar nicht sein – „Aber das ist doch überhaupt nicht mög-

lich".[2]

In Phantasien kämpfen gegensätzliche Kräfte miteinander und machen dem Leser Bastian immer mehr Angst, aber anderer-seits wird sein Wunsch, Artreju zu helfen und damit Phantasien zu retten im gleichen Maße größer! Phantasien (Das Unbewuss-te) ist grenzenlos, heißt es in der Unendlichen Geschichte. Wenn man den Begriff des kollektiven Unbewussten mit einführt, so veranschaulicht dies die Grenzenlosigkeit ein wenig eindrucks-voller. Im kollektiven Unbewussten manifestieren sich Urbilder menschlichen Vorstellungsvermögens, und zwar zurück gehend zum Anbeginn der Menschwerdung. Diese Muster vermischen sich mit dem persönlichen Unbewussten und erreichen damit eine nahezu grenzenlose Ausdehnung (das tiefenpsychologische Konzept geht zurück auf den Schweizer Psychiater und Psycho-logen Carl Gustav Jung, der die analytische Psychologie entwi-ckelte.)[3]

2
    Ende, Die unendliche Geschichte, S. 70

Artreju glaubt zunächst, er müsse dafür sorgen, dass ein Menschenkind der Kindlichen Kaiserin einen neuen Namen gibt und nach Phantasien kommt. Er begreift erst viel später, dass sein Auftrag viel begrenzter war. Ihm oblag lediglich die Suche nach dem Kern der Erkrankung der Kindlichen Kaiserin. Der entscheidende Schritt, ein Menschenkind dazu zu bewegen nach Phantasien zu kommen, diese Aufgabe fiel allein der Kindlichen Kaiserin zu. Bedeutsam ist hier, dass Artreju eine solche Aufgabe gar nicht erfüllen könnte, weil er wie ein Lockmittel von der Kindlichen Kaiserin benutzt wurde, damit ein Menschenkind durch die entstehende Neugier den Weg nach Phantasien sucht. Im Therapieprozess eines Kindes ist ein wichtiger Schritt getan, wenn es Interesse dafür entwickelt, warum es so und nicht anders gefühlt oder gehandelt hat, also Neugier für eigene inner-psychische Vorgänge entsteht.

Die Ereignisse in Phantasien werden dramatischer, die Spannung vermittelt sich dem lesenden Bastian und den Lesern der

---

3
Wikipedia: Die freie Enzyklopädie-
http://wikipedia.org/wiki/Analytische_Psychologie.).

Unendlichen Geschichte immer plastischer. Ihre Wirkung nimmt auf alle Lesenden an Intensität zu. Z.B. verliert Artreju das Amulett der Kindlichen Kaiserin und wird deshalb viel verletzlicher. Er verliert immer mehr an Sicherheit im Handeln, und sein Selbstwertgefühl sinkt zunehmend. Gleichzeitig steigt die Dramatik dadurch, dass die gefährlichen Kräfte Phantasiens Artreju mehr und mehr bedrohen, und dies für die Lesenden immer eindrücklicher wird.

Da geht es um die Beschreibung des Nichts und um den wolfsähnlichen Verfolger Artrejus – den Werwolf Gmork. Beides, das Nichts und Gmork sind feindliche Kräfte. Gmork personifiziert mit seiner Verfolgung und dem Willen, Artreju zu beseitigen, die Bedrohung. In Mythen, Sagen und Märchen spielt die Rolle des Wolfes und Werwolfs immer eine Funktion des Beängstigenden, oft auch die einer energetischen Verwandlung. Das Nichts stellt in beängstigender Form einen unbeschreiblichen Zustand dar. Im Unbewussten, in Phantasien also, kämpfen Kräfte miteinander, die wir von unserer Ebene aus als bedrohlich empfinden und als böse einstufen. Auf der unbewussten Ebene aber gibt es keine moralische Bewertung. Also Gut oder Böse existieren in dieser Form nicht. „Alles hat seine Berechtigung," vermittelt die Kindliche Kaiserin. Um es auf unserer Bewusstseinsebene zu verstehen, die GUT und BÖSE von unserem Gewissen her steuert und beurteilt, könnte man sagen: die Katze, die mit einer Maus oder einem Vogel spielt und dieses Tier anschließend genussvoll verspeist – oder auch nicht – handelt weder gut noch böse, sondern entsprechend ihrer Natur - ganz natürlich.

5. Das Nichts – eine unbewusste Dimension!

Wer von dem Nichts berührt wird, scheint sich aufzulösen (eine Art unbeschreiblicher Nebel). Das Nichts zieht alle Wesen Phantasiens an und in sich hinein. Es stellt sich aber heraus, dass alle phantasischen Wesen, die aufgelöst scheinen, im Menschenland – also auf der Bewusstseinsebene – als Lügen wieder erscheinen. Hier werden Bahnen beschrieben, die zwischen Bewusstsein und Unbewusstem existieren. Die eine Bahn, vom Bewusstsein zum Unbewussten ist die, auf die die Kindliche Kaiserin wartet. Es soll ein Menschenkind nach Phantasien kommen und ihr einen neu-en Namen geben. Die andere Bahn, vom Unbewussten zum Bewussten wird hier so beschrieben, dass Wesen, die aus dem kranken Unbewussten treten, als Lügen wieder erscheinen. D.h., wenn die Verbindung vom kranken Unbewussten ausgeht, wird es gefährlich und diese Gefahr hat Michael Ende in seinem Kapitel „Spuckstadt" genial dargestellt. Die Lügen, die auf der Bewusstseinsebene der Menschen auftauchen, sind also die vom Nichts eingesogenen und verwandelten Wesen Phantasiens, und diese richten jetzt in der Menschenwelt – im Bewusstsein – durch ihre Lügnereigenschaften Chaos und Verderben an. Dies geht soweit, dass unter den Menschen auch Kriege ausbrechen. Kriege sind Ausdruck von ausweglos erscheinenden Konfliktsituationen. Je kranker das Unbewusste – je mehr Lügen bahnen sich den Weg ins Bewusstsein; verwirren den Menschen und es entsteht Chaos auf der Realitäts- oder Bewusstseinsebene. Zunächst erscheint einem das Wort Lüge nicht sonderlich dramatisch. Wir alle, wer könnte sich da freisprechen, haben schon mal gelogen. Wenn man nicht bei der Wahrheit bleibt, hat das aber immer einen mehr oder minder fest stehenden Hintergrund, nämlich Angst. Z.B. Angst, als Kind bestraft zu werden, Angst, einen Vorteil zu vergeben, Angst, zu kurz zu kommen, Angst, falsch wahrgenommen zu werden usw. Ich kenne Menschen, die in ihrem Lügengeflecht krank werden und keinen Ausweg zur Wahrheit mehr finden können. Lügen lassen Beziehungen zwischen Menschen verkümmern oder zerbrechen. Lügen sind oft für Kriege verantwortlich. Deshalb spielt die Lüge hier eine so bedeutende Rolle.

Die höchste Gefahrenstufe erlebt also Artreju in der Spuckstadt, und damit nimmt Bastians Angst um ihn und sein Wunsch, ihm zu helfen, stetig zu. Er stellt sich deshalb die Frage: „Wie sollte ich nach Phantasien kommen?" Er weiß es bisher wirklich noch nicht, obwohl durch alles, was geschehen ist, sein Wunsch, nach Phantasien zu kommen, immer größer wird. Noch aber fehlen ein paar entscheidende Bilder, die ihm die letzte Gewissheit dieser Notwendigkeit seines Eingreifens vermitteln, um Phantasien zu retten – trotz aller beschriebenen Gefahren.

Die Verbindungswege zwischen Bewusstsein und Unbewusstem werden tiefer gebahnt und die Faszination, die von der unbewussten Phantasien- Ebene ausgeht, verstärkt sich. Mit dem Zusammentreffen von Artreju und Gmork erscheint ein besonderes Bild unserer Kräfte im Unbewussten. Wenn man Artreju als die Vermittlungsfigur betrachtet (wie oben beschrieben, wegen der gelungenen Identifikation zwischen Bastian und Artreju), dann lässt sich jetzt von einer Interaktion der verschiedenen Kräfte innerhalb dieser unbewussten Ebene sprechen.

Dies geschieht dadurch, dass sich alle positiven Kräfte wie der Glücksdrachen oder die Kraft des Amuletts zu verbünden scheinen, um dafür zu sorgen, dass Artreju durch das Nichts nicht aufgelöst wird. So kann er sich weiter seinem Ziel nähern und der Kindlichen Kaiserin berichten.

Gmork liegt gefesselt in einem Hinterhof in Spuck-stadt, fast verhungert und dem Tode schon nahe. Als Artreju ihn dort findet, kennen die beiden sich nicht, obwohl Gmork ja auf Artrejus Fährte war, um ihn auszulöschen. Der Dialog zwischen beiden stellt sich mehrdeutig dar. Artreju beispielsweise bezeichnet sich, als er von Gmork nach seinem Namen gefragt wird, als Niemand, weil er sich nach dem Verlust von Aurin und seinem Glücksdrachen so nutzlos fühlt und seinen Namen Artreju nicht mehr nennen will. Der Werwolf sagt: „Wenn das so ist, dann hat Niemand mich gehört und Niemand ist zu mir gekommen und Niemand redet mit mir in meiner letzten Stunde."[4]

In diesem und vielen weiteren Dialogen wird deutlich, wie vielschichtig und widersprüchlich sich die Impulse auf dieser unbewussten Ebene verhalten.

Im weiteren Verlauf stellt der Werwolf eine Be-hauptung auf, die auf das Verhältnis von Bewusstsein und Unbewusstem hinzielt, in der es heißt; „Deshalb hassen und fürchten die Menschen Phantasien und alles, was von hier kommt. Sie wollen es vernichten. Und sie wissen nicht, dass sie gerade damit die Flut der Lügen vermehren, die sich ununterbrochen in die Menschenwelt ergießt – diesen Strom aus unkenntlich gewordenen Wesen Phantasiens, die dort das Scheindasein lebender Leichname

---

[4] Ende, Die Unendliche Geschichte, S. 139.

führen müssen und die Seelen der Menschen mit ihrem Moder-
geruch vergiften. Sie wissen es nicht. Ist das nicht lustig?"[5]

Schattenwesen, wie der Werwolf Gmork sich selbst nennt, sind
„Wesen, die keine Welt hatten"[6] und sich nicht in der Welt zu
Hause fühlen können. Schattenwesen sind auch Gefühle in uns,
die keinen Weg von der unbewussten Ebene zu unserer Bewusstseinsebene finden! Schattenwesen spielen in vielen Geschichten und Sagen eine bedeutende Rolle. Ich interpretiere sie
in ihren Fähigkeiten, sich zu verwandeln, als einen Mittler und
Boten zwischen Bewusst und Unbewusst. Sie stellen eine ener-
getische Instanz dar, die entweder erhebliche Ängste auslöst
(z.B. Gruselgeschichten) oder sie bilden eine positive Kraft, die
Impulse für eine neue Lebensrichtung initiieren.

Das Ende des Dialogs zwischen Artreju und Gmork gipfelt darin,
dass der Werwolf noch im Tod sein Gebiss in Artrejus Bein ver-
beißt und damit seine Auslöschung eigentlich besiegelt er-

5
  Ebd., S 143.
6
  Ebd., S 147

scheint. Verhindern kann dies, wie schon erwähnt, der Glücksdrache, der das verlorene Amulett Artrejus gefunden hat, und ihm jetzt, in letzter Minute, zu Hilfe eilt (Über das Amulett greift die Kindliche Kaiserin ein, indem sie den Glücksdrachen zu Artreju steuert).

Hier könnte der Eindruck entstehen, als gäbe es einen Kampf zwischen Gut und Böse im Unbewussten. Dem ist jedoch nicht so, sondern die Gewichtung in die eine oder andere Richtung entsteht erst dadurch , dass Bastian es liest. Also, dass bei ihm unterschiedliche - auch gegensätzliche Impulse ankommen.

6. Die Bedeutung der Kindlichen Kaiserin - Symbol von unerschöpflicher Energie!

Veränderungen der unbewussten Ebene zeigen auf, dass Bastian langsam davon überzeugt ist, den Weg nach Phantasien finden zu müssen. Im Anschluss beginnt ein Dialog über das Wesen der Kindlichen Kaiserin. Sie hat einen weiteren Namen, den der „Goldäugigen Gebieterin der Wünsche". Damit hat es eine besondere Bewandtnis, wie sich noch zeigen wird. Hier dokumentieren sich die oft paradoxen Strömungen im Unbewussten, die sich häufig auch in unseren Träumen darstellen.

Sie, die Kindliche Kaiserin, ein kleines Mädchen, ein Kind beherrscht dieses riesige phantasische Reich. Sie ist immer jung.[7] Ihr Dasein bemisst sich nicht nach Dauer, sondern nach Namen. Nur durch sie existieren die phantasischen Wesen. Sie ist sehr mächtig und gleichzeitig sehr verletzlich. Über dieses Bild der Kindlichen Kaiserin lässt sich trefflich spekulieren.

Michael Ende bietet auf die Frage: Wer ist sie? Folgende Antwort: „Niemand in Phantasien weiß es. Niemand kann es wissen. Es ist das tiefste Geheimnis unserer Welt. Ich habe einmal einen Weisen sagen hören, wer es ganz verstehen könne, der wird damit sein eigenes Dasein auslöschen. Ich weiß nicht, was er gemeint haben mag. Mehr kann ich dir nicht sagen:"[8] Hier wird eine Kraft aufgezeichnet, die die Kindliche Kaiserin personifiziert und

---

[7]
Ebd., S. 60.
[8]
Ebd., S. 158

die sich aus verschiedenen Quellen heraus speist. Welche Quellen können das sein? Um religiöse Begriffe zu umgehen, nenne ich eine Grundenergie, die sich in allem Leben befindet und von niemandem bezweifelt wird. Die Chinesen bezeichneten diese Energie schon vor Jahrtausenden mit dem Begriff „Qi". „Qi" spielt in der TCM (Traditionelle Chinesische Medizin) die Hauptrolle und wird als entscheidend für Gesundheit und Leben beschrieben.[9] Es handelt sich also um eine nicht personifizierte Kraft oder Macht, die alles Leben beeinflusst oder steuert. Dazu gehören jede Zelle, jedes Gen, Atom und in der Physik bekannte Teilchen. Besonders sichtbar finde ich dies in verschiedenen wissenschaftlichen Versuchen dargestellt, bei denen ein Jahrhunderte altes Samenkorn in Erde eingepflanzt wird und trotz seines hohen Alters zu einer Frucht tragenden Pflanze heran wächst.

Eine andere Quelle der beschreibbaren Kraft wird sichtbar aus einem für Menschen fundamentalen Beziehungsaspekt, der wenig bewusst und auch wenig bekannt ist. Die sehr frühe Erfah-

---

[9] Darunter fallen z.B. die Meridiane, Energie-oder Kraftkreisläufe im menschlichen Körper sowie die Akupunkturpunkte.

rung des Säuglings in der Mutter-Kind-Dyade[10] setzt sich zusammen aus einer Vielzahl von intensiven Eindrücken. Das Baby, das sich willkommen fühlt, erfährt dies über eine globale, allgemeine freudige Willkommenheits-Atmosphäre. Diese erfährt es auch körperlich und kann sie über die Sinne aufnehmen und im Gehirn speichern. Beispiele dafür sind alle Hautberührungen und Stimulationen, z.B. der Schleimhäute beim Füttern und Stillen., der Gesichtsausdruck der Mutter, in dem sich dieser Tatbestand widerspiegelt. Es, das Kind, wird um seiner Selbstwillen von der Mutter geliebt. Dies vermittelt sich tief und unerschütterlich über ihre Mimik und das Strahlen ihrer Augen (Freud sprach vom Glanz in Mutters Augen). Dies ist einer der wichtigsten Bausteine für jeden weiteren Entwicklungsaufbau.

Das Bild, das Michael Ende in der entscheiden-den Phase einsetzt, in der Bastian ein Name einfällt, den er der Kindlichen Kaiserin geben könnte, hat meines Erachtens mit diesen frühen Erfahrungswerten in uns zu tun, die, wenn auch nicht sichtbar, aber

---

10
    Die Mutter-Kind-Dyade ist eine Beschreibung der frühen Mutter-Kind-Beziehung nach Tiefenpsychologischen Erkenntnissen. Sie umfassen vielschichtige Beobachtungen, die auch die Wechselwirkung beinhaltet.

dennoch tief in uns verankert sind und „mit dem Glanz in Mutters Augen" zu tun haben.

Bastian fühlt auf der Bewusstseinsebene, dass er „nie in seinem Leben etwas schöneres gesehen hatte als dieses Gesicht. Und im gleichen Augenblick hatte er gewusst, wie er sie nennen würde: Mondenkind"[11].

Mit diesem Namen hat er auch den Schlüssel gefunden, der es ihm ermöglichen würde, nach Phantasien zu kommen, um sein größtes Abenteuer zu bestehen. Aber noch ist es nicht soweit. Es muss immer noch einiges mehr geschehen, damit Bastian den entscheidenden Schritt tun kann.

Die Vorentscheidung aber ist gefallen. Es entsteht eine kleine, aber direkte Verbindung zwischen den beiden Ebenen Bewusst und Unbewusst. Auf seiner Bewusstseinsebene erläutert er, er habe für den Bruchteil einer Sekunde ihr Gesicht gesehen und sie, die Kindliche Kaiserin, habe nicht Artreju angesehen, sondern ihn in der Realität. Wörtlich heißt es „dieser Blick hatte ihn durch seine eigenen Augen hindurch, den Hals hinunter mitten

---

[11] Ebd., S. 161

ins Herz getroffen … und er fühlte, dass dieser Blick nun in seinem Herzen lag und leuchtete, wie ein geheimnisvoller Schatz. Und das tat auf eine seltsame und zugleich wunderbare Art weh" [12].

Hiermit ist die entscheidende Phase eingeleitet, die dazu führen wird, dass „Bastian" seine immer noch vorhandenen Widerstände besiegt und Phantasien retten wird. Das klingt so, als wenn Bastian dieses Urvertrauen von seiner Mutter mitbekam und ihm damit ein solides Fundament zur Verfügung steht. Was mit den Kindern passiert, die auf die Erfahrungen eines solchen Fundus nicht zurückgreifen können, zeigt sich im therapeutischen Prozess und soll im Kapitel 10 (Phantasien entsteht neu!) ein wenig genauer betrachtet werden. Warum er aber noch immer nicht nach Phantasien kommt, können Artreju und die Kindliche Kaiserin nicht verstehen. Sie spekulieren, warum er den entscheidenden Schritt nicht tut. Als Bastian deutlich wird, dass er doch nur den Namen „Mondenkind" ausrufen muss, tauchen all seine in ihm verborgenen Ängste und Selbstzweifel wieder auf.

---

[12] Ebd.

Wie er wohl auf sie wirken würde? So wie er aussah: „dick, X-beinig, käsig".[13] Diese Vorstellung hemmte ihn so sehr, dass ihm die „Schamröte" ins Gesicht stieg und Bastian dachte, so dürfe er sich ihnen nicht zeigen.

7. Gegensätze stehen sich gegenüber!

Durch diese Angst und sein Abwarten sieht sich die Kindliche Kaiserin zu einem Schritt gezwungen, den sie lieber vermieden hätte. Sie will sich Hilfe holen beim „Alten vom wandernden Berge". Dies ist noch niemals vorher geschehen.

Auf die Frage von Artreju: „Wer ist der Alte vom wandernden Berg? Ist er wie du?"[14] Antwortet die Kindliche Kaiserin : „Er ist wie ich, denn er ist in Allem mein Gegenteil!"

Dies ist eine philosophische Aussage und beschreibt viele Merkmale, die für die phantasische unbewusste Ebene gelten. Die „Kindliche Kaiserin" und der „Alte vom wandernden Berg" könn-

---

13
  Ebd., S. 173
14
  Ebd., S. 173

ten benannt werden mit dem Gegensatzpaar aus der asiatischen Philosophie Yin und Yang.

Andere Gegensatzpaare aus unserem westlichen Kulturkreis sind in der Aussagekomplexität eingegrenzter wie z. B. Anfang und Ende – Leben und Tod. Die zwei Instanzen in Phantasien drücken so viel Gegensätzlichkeit aus, dass sie sich niemals begegnen sollten. Andererseits gehören diese Gegensätze so sehr zusammen wie die zwei Seiten einer Münze. Die Spannung, die von diesen Gegensätzlichkeiten ausgeht und die in unserer unbewussten Seite so lebendig und oft unverständlich auf uns wirkt, finden wir dort wieder, wo sie z.B. in Kunstwerken, der Malerei oder Bildhauerei hervor blitzen und ein Objekt mit Leben erfüllen. Sie sind existent und sorgen für die Spannung wie Leben und Tod oder Glück und Unglück. Keiner der Begriffe wäre ohne den anderen von Bedeutung. Die Suche von „Ihr" nach „Ihm" beleuchtet dieses Paradoxon beeindruckend, denn man kann „Ihn" nicht suchen, „man kann ihn nur finden", sagt die

Kindliche Kaiserin: "Wenn es ihn gibt, werde ich ihn finden und wenn ich ihn finde, wird es ihn geben."[15]

Dann werden Kräfte und Mächte im Unbewussten angesprochen, von denen wir nichts wissen, die aber existieren und in bestimmten Situationen aktiviert werden können. Eine regressive, zu Erholung führende Ressource wird in der Kraft beschrieben, die sich in einer Höhle darstellt und mit „Wänden aus Gold, in der Mitte ein sprudelnder Quell und zwei Schlangen, die einander in den Schwanz beißen. Eine helle und ein dunkle..."[16]

Es gibt helle und dunkle Seiten im Unbewussten, mit allen dazu gehörenden Widersprüchlichkeiten. Vorgeburtliche Sinneseindrücke im Uterus spielen nachweislich keine unerhebliche Rolle, sind aber mit sprachlichen Mitteln weniger griffig als die von Michael Ende benutzten Bilder.

15
    Ebd.
16
    Ebd.,S. 174

Die Reise der Kindlichen Kaiserin auf der Suche nach dem Alten vom Wandernden Berg führt ins sog. Schicksalsgebirge! Eine interessante, passende Beschreibung für das Schicksal der Menschen in ihren Abhängigkeiten, aber auch mit Einflussmöglichkeiten auf unbewusste Strömungen.

Alle vergangenen Wahrnehmungen sind in unsere Gehirnzellen eingegangen, und seien sie noch so quälend, kaum aushaltbar oder unwichtig gewesen. Sie befinden sich doch in dem Speicher unseres Gehirns, auch wenn wir uns nicht an sie erinnern.

So ähnlich geht der Alte vom Wandernden Berg[17] mit seinem Buch um, in das er schreibt, was passiert und damit für immer „Alles" speichert, was in Phantasien geschieht. Er will verhindern, dass die Kindliche Kaiserin seine Behausung, ein großes Ei, groß wie ein Haus, betritt. Weil es „nicht sein darf", wie er sich ausdrückt, „dass der Anfang das Ende aufsucht und damit Verwirrung ohne Gleichen eintritt"[18] Die Kindliche Kaiserin lässt sich nicht beirren, betritt sein Ei und kommt mit dem „Alten vom

---

[17]
    Die Kindliche Kaiserin findet ihn im Schicksalsgebirge
[18]
    Ebd., S. 182

Wandernden Berg" ins Gespräch. Dieses schreibt er natürlich, weil es gerade geschieht, in das Buch „Die unendliche Geschichte" hinein.

Das heißt, das Buch, das im Ei des Alten vom Wandernden Berg geschrieben wird, ist das Buch, das Bastian gerade liest. Auf die Frage der Kindlichen Kaiserin: „Ist alles, was du schreibst nur Widerschein und Schein?" antwortet der Alte: „Was zeigt ein Spiegel, der sich im Spiegel spiegelt?" Daraufhin schwieg die Kindliche Kaiserin und der Alte vom Wandernden Berg schrieb es sogleich auf.[19] Alles, was im Unbewussten gespeichert ist, bekommt erst Bedeutung, wenn es von uns betrachtet, berührt oder gefühlt wird, sonst ist es bedeutungslos – weil schon geschehen und Vergangenheit geworden. Der Alte vom Wandernden Berg gibt der Kindlichen Kaiserin zu verstehen, dass durch ihren Eintritt in das Ei beide eingeschlossen und für immer gefangen sind, wie in einem Grab. Alles wird unveränderlich, weil geschehen, und (bereits) vom Alten vom Wandernden Berg aufgeschrieben. Das heißt, im unbewussten Bereich gespeichert.

---

[19] Ebd., S. 184

Es ist in unseren Zellen für immer vorhanden. Dieser Bereich kann nie gelöscht werden, aber er kann durch neue andere Erfahrungen von außen – Eltern, Freunden, Lehrern, Verwandten, Therapeuten – positiv oder auch negativ ergänzt, quasi überlagert werden.

Einen neuen Anfang schaffen kann jetzt weder die Kindliche Kaiserin noch der Alte vom Wandernden Berg. Aber die Kindliche Kaiserin kennt ein Menschenkind, das diesen neuen Anfang schaffen kann. Sie ist davon überzeugt, dass dies auch geschehen wird, weil sie sich bereits in die Augen geschaut haben und Bastian von der Dringlichkeit seines Hineinkommens weiß. Außerdem habe Bastian bereits die Grenzen überschritten. Wörtlich heißt es : " Er liest in diesem Buch, in dem du schreibst und vernimmt jedes Wort, das wir sprechen. Er ist also bei uns."[20]

Als die Kindliche Kaiserin den Alten vom Wandernden Berg bittet, die ganze Geschichte, die er geschrieben hat, noch einmal vorzulesen, erhält Bastian erneut die Gelegenheit, die Rückblende seines eigenen Verhaltens zu lesen: seinen Weg in den

---

[20] Ebd., S. 186

Buchladen, den „Erwerb" der „Unendlichen Geschichte", seinen Weg auf den Dachboden seiner Schule und alle weiteren Ereignisse.

Bastian reagiert immer noch nicht, weil er nicht wahr haben will, dass er über sich selbst in der Unendlichen Geschichte liest und möchte es weiterhin nicht glauben. Er versteht aber letztlich, dass es so weiter gehen werde, bis etwas, eine Kraft von Außen, den fatalen Kreislauf unterbricht, und er gibt seinen Totsteller-Reflex auf. Er versteht jetzt, dass der „Alte vom Wandernden Berg" die Geschichte immer wieder liest und wieder schreibt und er – Bastian – in dem Kreislauf der ewigen Wiederkehr bereits enthalten ist. Dies bedeutet das Ende ohne Ende und so schreit er plötzlich los: „Mondenkind ich komme"[21] Damit befindet er sich in Phantasien bei der Goldäugigen Gebieterin der Wünsche, wie die Kindliche Kaiserin ja auch genannt wird.

Das Paradoxe in diesem Geschehen ist, das der Alte nicht nur aufschreibt, was in Phantasien passiert, sondern eben auch al-

---

[21] Ebd., S. 190

les, was in der Unendlichen Geschichte geschrieben steht. Dazu gehört auch der Realitätsbereich von Bastians Erfahrungen mit dem Buch „Die Unendliche Geschichte". Die Schrift, in der der Alte schreibt, ist grün, die Farbe der unbewussten Ebene, bezieht aber Bastians Realität mit ein.

Dies scheint einerseits so unlogisch, wie die Vorstellung, unsere unbewussten Strebungen nehmen Einfluss auf Entscheidungen in unserem Alltagsleben. Dies ist zu beobachten bei vielen sog. Kleinigkeiten. Man vergisst etwas bei jemandem, um einen Grund zu haben, ihn nochmals aufzusuchen oder sog. Missverständnisse leiten uns woanders hin, als unser Bewusstsein es vorgibt. Auch bei der Partnerwahl spielen die rationalen Erwägungen keine größere Rolle als unsere unbewussten Impulse! Andererseits weist dieser beschriebene Tatbestand schon auf das Ende der „Unendlichen Geschichte" hin, wo sich heraus stellt, dass dieses Buch für „Bastian" existent ist und für andere Menschen nicht, weil sie ganz andere Verbindungen und Wege haben, um mit ihren unbewussten Strebungen in Kontakt zu kommen. Das Buch schließt mit dem paradoxen Satz: " B.B.B."

brummte er, wenn ich mich nicht irre, dann wirst du noch manch

einem den Weg nach Phantasien zeigen, damit er uns die Weis-

heit des Lebens bringt."[22]

Paradox, weil der Antiquariatsbuchhändler, Herr Koriander , das

Buch „Die Unendliche Geschichte" gar nicht kennt, wie er selbst

sagt, und es ihm deshalb natürlich auch nicht von Bastian ge-

stohlen worden sein kann. Er aber andererseits aus dem Inhalt

von dem „Wasser des Lebens" spricht.

Aber warum Bastian das Wasser des Lebens findet und was es

damit auf sich hat, wird ausführlich in dem Abenteuer erzählt,

das der Junge in Phantasien erlebt. Die Leser erfahren natürlich

auch, wie er der Kindlichen Kaiserin und Artreju begegnet, und

viele wichtige Erfahrungen in diesem Land seine Persönlichkeit

verändern.

Die Prophezeiung des Buchhändlers, Bastian werde noch vielen

Menschen den Weg nach Phantasien schmackhaft machen, ist

---

[22]
    Ebd., S. 428

eingetreten. „Die Unendliche Geschichte" ist so häufig auf der ganzen Welt gelesen worden und hat so viele Menschen beeindruckt und berührt, wie sie mich animiert hat, sie in der Kinder- und Jugendlichen-Psychotherapie einzubinden, wenn Patienten es wollten.

Für diese Betrachtung hatte ich lediglich vorgehabt, zu beschreiben, wie sich Bewusstsein und Unbewusstes miteinander verständigen können. Nicht bei allen Menschen entstehen diese Verbindungen und Bahnen so lebendig und anschaulich, wie in der Unendlichen Geschichte mit Bastian beschrieben. Jetzt, wo Bastian in Phantasien angelangt ist, merke ich, dass ich die Gedanken, wie ursprünglich vorgehabt, so nicht abschließen möchte. Ich will mein Vorhaben also erweitern und noch einige Überlegungen anschließen, die auf Bastians Erfahrungen und seine Entwicklung in Phantasien hinzielen. Dabei versuche ich, sehr zusammen zu fassen, um den Fokus auf die Begebenheiten zu lenken, die ich als exemplarisch für seine Veränderung ansehe: z.B. die Stärkung seines Selbstwertgefühls, sein positiv verändertes Identitätsgefühl in Verbindung mit einer hinzu gewonnenen Ich-Kräftigung.

Sehr reizvoll und gefährlich hat M. Ende ja auch den Weg aus Phantasien zurück in die Realität beschrieben - und dazu muss auch noch etwas gesagt werden.

8. Unbewusst – Bewusst oder Innen und Außen

Die Beschreibung dieser beiden Räume mit den Bahnen und Wegen, die sie verbinden oder miteinander in Austausch bringen, war der erste Teil der Unendlichen Geschichte. Dieser Austausch zwischen Innen und Außen gelingt uns bei voller Gesundheit mit Hilfe unserer Sinnesorgane: Sehen, Hören, Fühlen, Riechen und Schmecken. Das sind die sichtbaren, überprüfbaren unbestrittenen Voraussetzungen mit allgemeiner Gültigkeit und Wertschätzung. Wirklich gut gehen kann es uns Menschen nur, wenn sich Innen und Außen in einem Gleichgewichtsverhältnis befinden, welches nicht statisch-starr ist. Es muss beweglich und flexibel sein, sich wie eine Waage immer wieder neu einpendeln.

Die Gefahr , dass eine Seite zu großes Übergewicht bekommt, ist im zweiten Teil der Unendlichen Geschichte ein wichtiger Aspekt und wird mit der Frage umschrieben: wie kann Bastian es schaffen, wieder aus Phantasien heraus zu kommen?

9. Phantasien – im Land der unbegrenzten Möglichkeiten und Paradoxien

Der zweite Teil der Unendlichen Geschichte, Bastian in Phantasien, Bastian im unbewussten Bereich, lässt sich natürlich auf den menschlichen Alltag bezogen, so klar nicht abgrenzen. Es ist einfach grandios, was in diesem grenzenlosen Land mit Bastian geschieht und woran der Leser teilhaben darf. In diesen 14 Kapiteln geht es um die Darstellung psychologischer Reifungsschritte, verpackt als mitreißende Abenteuer. Sie sollen Bastian helfen, sich in seinem Leben wieder zurecht zu finden, sich gesund und wohl zu fühlen.

Diese Reifungsschritte, d.h. alle Abenteuer, die Bastian erlebt, haben hauptsächlich mit zwei Dingen zu tun:

zum einen mit Bastians Wünschen, die in ihm entstehen und zum anderen mit seinem Verhalten in Anlehnung an die Aurin-Inschrift „Tu, was du willst"[23].

Zunächst wenden wir uns Bastians Wünschen zu. Obwohl „Wünsche zu haben" sehr einfach klingt, stellt sich hier die Frage, woher sie kommen und was wahre Wünsche überhaupt sind. Bastian betreffend beantwortet sich diese Frage durch die Unendliche Geschichte selbst - bis hin zum letzten Kapitel. Es zeigt sich immer ein Zusammenhang mit Bastians neuen Erfahrungen, die auf jeder Entwicklungsstufe und jedem Kapitel andere sind. Entsprechend fallen seine Wünsche aus, wie z.B. nach Mut, Schönheit, Stärke, Bewunderung, Berühmtheit, Intelligenz, Kreativität, Einmaligkeit, Achtung, sozialer Anerkennung, Heilsbringer, Macht und sozialer Kompetenz.

Dies alles wünscht sich Bastian, und jeder neue Wunsch entsteht erst anhand der Erfahrungen auf den vorherigen Erlebnis-

---

23 Ebd., S. 199

stufen. Die große Gefahr, die hier entsteht, besteht darin, dass Bastian stetig Dinge aus seiner Vergangenheit vergisst.

Er muss sich also einerseits viel wünschen, um eine große Menge an Erfahrungen sammeln zu können. Andererseits darf er sich nicht zu viel wünschen, da er sonst alles vergisst, was seine Vergangenheit ausmacht. Tut er dies doch, so endet es dramatisch. Der Weg aus Phantasien heraus wäre für ihn nicht mehr auffindbar.

Auf einige seiner Wünsche möchte ich ein wenig näher eingehen. Der erste Wunsch ist naheliegend und hat einen bedeutsamen Hintergrund. Bastian möchte die Kindliche Kaiserin sehen.

10. Phantasien entsteht neu!

Bastian erfährt von der Kindlichen Kaiserin, dass er mit seinen Wünschen Phantasien neu erschafft und damit alles Weitere von ihm abhängig ist. Er erhält von ihr Aurin mit besagter Inschrift und er weiß, in welchem Maße Artreju davon behütet und beschützt war.

„Der Glanz", wie das Amulett auch genannt wird, macht also Mut.

Diesen Mut braucht Bastian. Außerdem gibt es noch eine weitere

Erklärung im Hintergrund. In Bastians Unbewusstem befindet

sich ein tief verwurzeltes Vertrauen, das ihn trägt und immer zur

Verfügung steht. Es ist im Beziehungsbereich zwischen ihm und

seiner verstorbenen Mutter entstanden. Dies wird hier beispiel-

haft deutlich in verschiedenen Dialogen zwischen ihm und der

Kindlichen Kaiserin. Psychologisch wird dieser Fundus oft als Ur-

vertrauen bezeichnet. Etwas davon ist u.a. schon im ersten Teil

der Geschichte beschrieben und angeklungen:

„Hier bin ich mein Bastian, sei mir willkommen mein Retter und

mein Held." „Ich bin bei dir und du bist bei mir."[24] Er blickte der

Kindlichen Kaiserin in die Augen, und nun geschah ihm noch

einmal, was ihm bei ihrem ersten Blickwechsel geschehen war.

Er saß da wie verzaubert und schaute sie an und konnte seine

Augen nicht mehr von ihr abwenden ...". „Er wollte nichts als vor

ihr sitzen und sie anschauen."[25]

---

[24] Ebd., S. 193f

[25] Ebd. S. 196f

Von diesem sogenannten Urvertrauen sind viele weitere Entwicklungsschritte abhängig und dadurch oft auch erst möglich. Ein Symbol für diesen Hintergrund stellt eben Aurin oder der Glanz dar. In diesem Amulett sind, wie in einem Speicher, alle Wünsche nach Schutz und Geborgenheit eingeschlossen. Solange er diesen Glanz bei sich trägt, kann er angstfrei wünschen, sich entwickeln und sich sicher sein, von Liebe, Aufmerksamkeit und Achtsamkeit getragen zu werden!

Hier stellt sich die Frage erneut, was ist mit den Kindern, die dieses „Urvertrauen" nicht mitbringen, geschieht.

Ich habe diese Kinder meist in den ersten Monaten einer Therapiephase als extrem haltlos, grenzenlos und beziehungsunfähig erlebt. (Große Unterschiede der Verhaltensauffälligkeiten sind abhängig auch vom Alter des Kindes bei Therapiebeginn). Diese Grenzenlosigkeit z. B. wurde mit den Spielutensilien im Therapieraum demonstriert. Alles wird irgendwie benutzt, alles wird entfremdet und dadurch ein Chaos erzeugt, das schwer zu beschreiben und noch schwerer auszuhalten ist. Genau dieser Zustand gehört zu einem Heilungsprozess. Das Kind kann in dieser Beziehungsdynamik erleben, dass sein Wunsch nach Halt und Struktur verstanden wird und dies geschieht nur über die Darstellung seines eigenen inneren Chaos und das Zulassen dieser Tatsache, bevor etwas neues Stabilisierendes entstehen kann. Über dieses Aushalten und zugleich „zusammen erleben" entsteht langsam ein solches Vertrauensverhältnis, dass neue Grenzen gesetzt werden können und damit auch Objekte (Spielsachen) neu definiert werden können. Diese neuen Grenzerfahrungen haben letztlich erheblichen Einfluss auf den Heilungsprozess!

Kinder stehen ihren Wünschen und Sehnsüchten meist viel ursprünglicher und weniger kontrolliert gegenüber als Erwachsene. Kinder bis zum Vorschulalter denken oft in magischen Bereichen. Neben ihrer realen Welt existiert eine Welt, die sie sich selbst erschaffen. In dieser, für sie selbst genauso realen Welt, können z.B. Tiere sprechen oder zaubern und verzaubern. Die eigenen Kräfte sind riesig und alles ist möglich. Das eigene Kräftemaß muss langsam erfahren werden und ist in vielen kleinen Entwicklungsschritten zu beobachten. So erschaffen Kinder Wesen, um sich mit ihnen im Spiel oder Rollenspiel zu messen und sich mit der Zauberwelt auseinanderzusetzen. Manchmal haben sie Angst vor den selbst erschaffenen Gestalten und lernen in diesem Zuge, ihre Ängste und Unsicherheiten zu überwinden und zu bewältigen. So oder ähnlich ergeht es Bastian und allen Kindern, die sich je nach Altersstufe mit den Dingen aus ihrer Umwelt auseinandersetzen müssen. Als er erfährt, dass die Wünsche ihn zum wahren Willen führen, versteht er es nicht. Wörtlich heißt es: „Dass es höchste Wahrhaftigkeit und Aufmerksamkeit erfordert, den wahren Willen zu finden, weil gerade hier die Gefahr besonders groß ist, sich auf diesem Weg endgültig zu verirren."[26]

---

[26] Ebd., S. 228

11. Zum Thema Vergessen

Wie schon erwähnt, vergisst Bastian nach jedem Wunsch, der in Erfüllung geht, etwas aus seiner Vergangenheit. Er weiß z.B. nicht mehr, wie es sich anfühlte, als dicklicher Junge mit X-Beinen seinen Mitmenschen zu begegnen. Körperlich schön und ansehnlich auszusehen wird Bastian zur Selbstverständlichkeit. Dramatischer ist das Vergessen seiner Bindung zum eigenen Vater, denn es verstärkt die Gründe, weswegen er sich wünscht, in Phantasien zu bleiben. Dies geht soweit, dass er hofft, die Kindliche Kaiserin zu entmachten, um selbst Kaiser zu werden. Damit entsteht eine neue Strebung im Unbewussten, und es muss eine Hilfskraft aktiviert werden. Diese Gegenkraft ist wieder einmal personifiziert in Artreju. Er wollte Bastian ja helfen, den Weg zurück in seine Welt zu finden.

Ein wirklicher Konflikt entsteht, wenn Impulse aus dem Unbewussten nicht im Einklang mit den Wünschen der bewussten Erlebnisebene stehen. Hier ist es anders, hier ergibt sich nämlich ein Kampf unterschiedlicher Strebungen innerhalb der unbewussten Stufe. Manchmal berichten Menschen von Träumen, die das sehr ähnlich beschreiben. Das heißt, Paradoxien und Verdrehungen gehören wie Merkmale selbstverständlich dazu. Zum Beispiel folgender Traumbericht: Ein Träumender träumt, er sei gerade aufgewacht und muss entsetzt feststellen, dass der Mord, den er gerade begangen hat, nicht nur im Traum geschah, sondern „in der Realität" - träumt er. Ähnlich paradox sind Bastians neue Wünsche, von Artreju als gefährlich und gefürchtet wahr genommen zu werden, aber andererseits von ihm als Freund gemocht, ja geliebt zu werden.

Dann jedoch gewinnt der Wunschanteil Bastians, der Macht und Potenz verkörpert. Dieser ist übermächtig, er besiegt Artreju und verletzt ihn im Schwertkampf.

Aurin, der Glanz, spielt aber jetzt auch eine paradoxe Rolle. Das Amulett, das ihm hilft, immer neue Wünsche zu produzieren, birgt auf der anderen Seite die Gefahr, immer mehr zu vergessen.

Bastian geht in seinen Abenteuern durch all die Gefühle, die in der menschlichen Entwicklung nahezu allen Kindern beschieden sind.

Als er nach schweren Aggressionshandlungen und einer großen Niederlage erfahren muss, wie wichtig die Erinnerung an seine Vergangenheit ist (auch dabei hilft ihm Artreju), entwickelt sich einer seiner letzten Wünsche. Er schämt sich seiner letzten Taten und wünscht sich, anders zu werden, sich zu verändern!

Dieser Wunsch, sich zu verändern, auf dem Weg der Wünsche, erfüllt sich in einer erstaunlichen, wunscherfüllenden Metapher.

Die große Mutter, Urmutter oder Mutter Erde würde ich die Frau nennen, die sich im „Änderhaus" um Bastian kümmert. So wie die Erde alles, was der Mensch benötigt, bereit stellt und für unser Leben entstehen lässt (wenn die Menschen sie dies nur tun lassen), so wurden Bastians Urbedürfnisse nach Wärme, Nahrung, Schutz und Liebe noch einmal erfüllt und befriedigt. Diese Erfüllung führt dazu, dass Bastian wieder ein anderer wird, der jetzt den Weg aus Phantasien zurück zu seiner Realität sucht.

Kinder, die am Ende ihrer Psychotherapie ankommen, verstehen es sehr gut zu vermitteln, dass sie ihren „Schutzraum" nicht mehr brauchen. Sie fühlten sich in diesem Raum ernst genommen und verstanden. Sie erlebten ein Beziehungsgefüge, das geprägt war von Mitgefühl, Respekt und Achtung (alle Gefühle sind erlaubt, weil erfahren und erlitten).

Sie wünschen sich wieder mehr Erfahrungen und Abenteuer mit Freunden in ihrem Umfeld. Dafür benötigen sie auch die Zeit, die sie für die Therapiestunden einsetzten.

12. Auf dem Weg zurück

Auf der letzten Etappe, im letzten Kapitel, erschließt sich Bastian, über sehr anstrengende Erfahrungen, der Weg zurück in seine Welt. Er findet das Bergwerk der Bilder[27], in dem der Bergmann ihm mitteilt, was für ihn hier zu tun ist, welche Aufgabe er zu erfüllen hat. Der Bergmann sucht und verwaltet die Bilder aller Menschen, die sich aus den vergessenen Träumen im Dunkel der Erde kristallisiert haben. Ein von ihm vergessener Traum,

---

[27] Ende, Die Unendliche Geschichte, S. 398

den er als zu sich gehörig erkennt, soll der Schlüssel sein, der ihm hilft, Phantasien zu verlassen und ist seine letzte Chance - viele Wünsche hat er nicht mehr frei. Diesen Traum muss er „unter Tage" finden! Die Arbeit unter der Erde, in diesem unbewussten Dunkel, erfordert viel Ausdauer, Ruhe, Mut und Disziplin! Bastian stellt sich dieser Herausforderung und schürft lange mit fast stoischer Ausdauer nach diesem vergessenen Traum. Er soll ihn zur letzten Station in Phantasien führen, zur Quelle, aus der das Wasser des Lebens entspringt. Als er diesen Traum findet, fühlt er sofort, dass er dieses Bild kennt, kann sich aber nicht wirklich erinnern. Das Bild stellt eine bedeutungsvolle Schlüsselszene dar, und zwar seine Vater-Sohn-Beziehung betreffend. Er erkennt seinen Vater nicht, aber in ihm erwacht eine tiefe Sehnsucht nach diesem Mann, der in seinem glasklaren Eisblock eingefroren dargestellt ist. Dieses Bild, sowie der stille, bekümmerte Gesichtsausdruck des Mannes, greifen Bastian ans Herz. Daraus entsteht Bastians letzter Wunsch, diesen Mann zu befreien. Er möchte ihn lieben, und mit diesem letzten Wunsch verliert Bastian den Rest seiner Erinnerungen und seinen eigenen Namen. Jetzt ist er namenlos. Die Beschreibungen zu den folgenden Geschehnissen in Phantasien, die dafür sorgen, dass Bastian zurück zu seinem Vater in die reale Welt findet, sind eine prosaische, berührende Mischung aus einerseits philosophischer Weltsicht und andererseits einer Mut machenden Beschreibung unserer im Unbewussten verankerten Kräfte. Diese Kräfte, die sich nahezu in jeder menschlichen Entwicklung in uns aufbauen, vereinen sich hier in der Unendlichen Geschichte zu einer überraschenden Erscheinung und Hilfe. Bastian wusste nichts davon, dass sie in ihm noch existieren. Hier geht es um Gefühle, wie z.B. Vertrauen, dargestellt und sichtbar gemacht wiederum in der Hilfsfunktion, die Artreju und der Glücksdrache verkörpern. Bastian findet also zum Vater zurück, der sich wiederum durch Bastians Verschwinden von Gefühlen ergriffen sah, die vor diesem Geschehen nicht mehr vorhanden schienen. Es ging um Gefühle, die mit Anteilnahme und Sorge um seinen Sohn Bastian zu tun hatten. Eigener Schmerz und Trauer um den Tod seiner Frau verhinderten bei ihm eine angemessene, verantwortungsbewusste Fürsorge; denn sein Sohn verlor ja auch seine Mutter.

So konnte sich ein neues Vater-Sohn-Verhältnis aufbauen, das eine gute Chance für das gegenseitige Verständnis und die Erfüllung eigener berechtigter Wünsche enthielt.

Die Vorstellung, leidende, sich allein gelassen fühlende Kinder müssten nur ein Buch finden, wie in Bastians Fall, um ihre Probleme lösen zu können, mutet an wie eine Begebenheit aus Phantasien. Realität ist aber, dass dieses Buch von Michael Ende oft der Anstoß dazu ist, nach neuen, alternativen Lösungen zu suchen. Mit ein wenig Hilfe lassen sich oft neue Wege beschreiten, die vorhanden sind, aber nicht gesehen wurden. Davon habe ich mich gern überzeugen lassen.